D1298184

GIFT OF

John Warren Stewig

Carthage

Let's Visit
KOREA

HEDBERG LIBRARY
CARTHAGE COLLEGE
KENOSHA, WISCONSIN

cur
DS
907.4
H36
1993

Text by Suzanne Crowder Han · Illustrations by Han Heung-gi

The Republic of Korea is located on a peninsula which dangles from the Asian continent. It is a mountainous land embroidered with rivers. It has a long history of five thousand years and has been known by various names. Its modern English name is derived from Koryŏ, one of its ancient kingdoms.

Its capital is Seoul, whose name means "center of everything." The city has been the capital of Korea since 1394 when Yi Sŏng-gye, King T'aejo, chose it as the best spot on the peninsula to establish the capital of his new dynasty, Chosŏn.

Nick and Mona are visiting Korea with their parents. Travel with them as they tour some of Korea's most historic and scenic spots and in so doing learn about Korean history and culture, customs and traditions, dreams and aspirations.

한국은 아시아 대륙 동쪽 끝의 반도국가입니다. 산이 많고 계곡을 따라 강이 수 놓아져 있는 아름다운 나라입니다. 5천년의 긴 역사를 갖고 있는 한국은 문물이 융 성했던 고려왕조가 외부 세계에 알려지면서 코리아라는 이름을 갖게 되었습니다.

'만물의 중심' 이라는 뜻을 가진 한국의 수도 서울은 조선 왕조를 연 이성계가 1394년 새 왕조의 도읍지로 정한 이래 600년간 이 나라의 수도였습니다. 닉과 모나 는 부모님과 함께 한국을 방문했습니다. 그들을 따라 한국의 가장 역사적인 장소와 아름다운 곳을 찾아가서 한국의 역사와 문화, 전통과 풍습, 나아가 한국의 꿈과 희 망을 배우고 느끼시기 바랍니다.

Copyright ©1993 by Hollym Corporation; Publishers · All rights reserved · First published in 1993 by Hollym International Corp. at 18 Donald Place, Elizabeth, NJ 07208 USA Tel:(908)353-1655 Fax: (908)353-0255 · Published simultaneously in Korea by Hollym Corporation; Publishers at 14-5 Kwanchol-dong, Chongno-gu, Seoul 110-111, Korea Tel:(02)735-7554 Fax:(02)730-5149 · ISBN 1-56591-010-9 · Library of Congress Catalog Card Number 93-61332 · *Printed in Korea*

HOLLYM

"This is fantastic! We can see all of Seoul!" exclaimed Nick as he looked out the windows of the needle-like Seoul Tower, atop Namsan, a mountain in the middle of Seoul.

"There's the Han River," said Mona. "Remember, our guidebook said it was one of the reasons King T'aejo made this place his country's capital."

"Yes. And I also remember it said there were tour boats," replied Nick. "Look! There's one now!"

"Let's ask Mom and Dad if we can take a boat tour," said Mona.

"Okay. Let's go find them."

On the drive to their hotel, Nick and Mona were surprised to see an old gate in the middle of the road.

"That's Namdaemun. It was part of the wall King T'aejo built around his capital city," explained their father. "Koreans are very proud of it."

닉과 모나는 서울 한복판에 있는 남산의 서울 타워에 올라갔습니다. 서울이 한눈에 들어왔습니다. 유유히 흐르는 한강도 보였습니다. 600년 전에 태조 이성계가 서울을 수도로 정한 이유 중의 하나도 이렇게 산과 강이 조화롭게 있기 때문이었습니다. 멀리 한강의 유람선이 미끄러지듯 강물위로 지나가고 있었습니다.

닉과 모나는 호텔로 돌아오는 길에 길 가운데 서 있는 오래된 성문을 보았습니다. "남대문이란다. 태조가 수도 서울을 둘러싸는 성을 세웠는데 그 벽의 일부였지. 한국인들은 남대문을 매우 자랑스럽게 생각한단다." 닉과 모나의 아버지는 그들에게 자상하게 설명해 주셨습니다.

The next day Nick and Mona went to Kyŏngbokkung, the oldest of the five remaining Chosŏn Dynasty palaces. It was built by King T'aejo in 1394.

"Look at that huge building," said Nick, pointing to an elevated pavilion.

"That's where royal banquets were held," explained Mona. "I read about it in the guidebook."

다음날 닉과 모나는 경복궁에 갔습니다. 1394년 태조때 세워진 궁궐로서 지금까지 남아있는 조선시대 다섯 궁궐 중 가장 오래된 것입니다. "저기 연못 가운데 정자가 있다!" 닉이 경회루를 가리키며 외치자, "응, 궁궐의 연회가 베풀어지던 곳이야." 모나는 안내책자에서 읽었던 기억을 떠올리며 말했습니다. 물에 비쳐 어른거리는 경회루는 더욱 운치가 있었습니다.

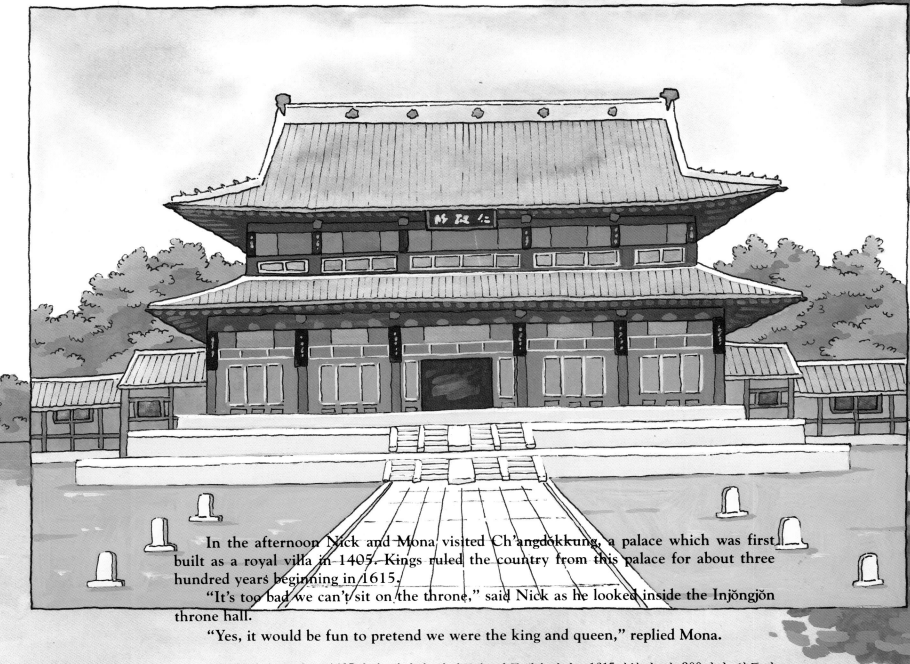

In the afternoon Nick and Mona visited Ch'angdŏkkung, a palace which was first built as a royal villa in 1405. Kings ruled the country from this palace for about three hundred years beginning in 1615.

"It's too bad we can't sit on the throne," said Nick as he looked inside the Injŏngjŏn throne hall.

"Yes, it would be fun to pretend we were the king and queen," replied Mona.

오후에 닉과 모나는 1405년에 세워진 창덕궁을 방문했습니다. 1615년부터 약 300년간 왕들이 머물면서 나라를 다스렸던 곳입니다.

"옥좌에 앉아봤으면 좋겠다."라며 닉은 옥좌가 놓인 인정전 내부를 들여다보며 말했습니다.

"나도 그래, 왕이 된 기분일텐데." 모나도 안타까워했습니다.

The next day Nick and Mona's family went to Ch'ŏnan, a two-hour drive south of Seoul. They visited the Independence Hall, a museum that collects, preserves and displays historical records and artifacts of Korea's struggles against foreign aggression. Inside the museum's exhibition halls, they learned about Korea's ancient kingdoms—Koguryŏ, Paekche, Shilla, Koryŏ, and Chosŏn. They learned that Korea had been invaded many times throughout its long 5,000-year history by Khitans, Manchus, Mongols, and Japanese and even colonized by Japan from 1910-1945. And they learned about the overpowering desire and determination of Koreans to keep their land and people free.

다음날의 일정은 서울에서 자동차로 두 시간 정도 걸리는 독립기념관으로 정했습니다. 그곳은 한국이 외세에 대항한 역사적 기록물과 자료를 수집, 보관하는 박물관입니다. 닉과 모나는 그곳에서 고구려, 백제, 신라의 삼국시대와 고려, 조선시대 등의 한국의 역사를 전시물을 통해 배우면서 한국이 수많은 외침을 받았고 심지어는 일본의 식민지로 전락한 적도 있는 슬픈 역사를 가진 나라라는 것을 알게 되었습니다. 그러나 동시에, 한국인들이 자유와 주권을 지키기 위해 끊임없이 저항했으며 결국 독립을 쟁취했다는 사실도 알 수 있었습니다.

"It seems like you can hear their screams for freedom," whispered Mona as she and Nick looked at a sculpture symbolizing Korea's struggle for independence from Japan.

"Yes," replied Nick. "I hope Koreans never have to struggle like that again."

한국인들의 독립항쟁을 상징하는 한 조각물 앞에서 모나는 한국인들의 자유를 향한 함성 소리가 들리는 것 같았습니다. 그것은 뼈아픈 과거를 잊지 않고 교훈으로 삼고자 하는 한국인의 의지를 나타내 주는 것입니다.

The next day the family went to Kanghwado, an island about an hour's drive northwest of Seoul which is famous for ginseng, a plant whose roots are believed to be good for one's health.

They stopped along the road to look at the ginseng growing under thatched shelters.

"Mona, look at this root. It looks like the human body," said Nick, holding up a ginseng root.

"That's why Koreans call it *insam*, meaning 'man plant,'" explained Nick's father.

다음날 닉과 모나는 서울에서 북서쪽으로 자동차로 한 시간 정도 거리에 있는 강화도를 찾았습니다. 강화도에서는 예로부터 건강유지에 특효가 있다고 믿어지는 인삼이 많이 납니다. 닉과 모나 가족은 차를 멈추고 인삼밭을 구경했습니다. 인삼 뿌리가 사람의 모습과 너무나 닮은 것이 신기했습니다. "그래서 한국인들은 이 식물을 '사람모양을 한 식물'이라는 뜻인 인삼이라고 부른단다." 닉의 아버지는 인삼에 관심이 많은 것 같았습니다.

Nick and Mona's parents wanted to buy some ceramics because Korean ceramics are famous throughout the world. They went to Ich'ŏn, a city that has been a ceramics center since ancient times. They visited several kilns and learned how ceramics are made.

Nick and Mona saw an artist smash a beautiful bottle.

"Why is he breaking those things?" cried Mona.

"Because they are not as perfect as he would like them to be," explained Nick. "I read that in my guidebook."

닉과 모나의 부모님은 세계적으로 유명한 한국의 도자기를 사고 싶었으므로 서울에서 자동차로 1시간쯤 떨어진 이천에 갔습니다. 예로부터 도자기의 중심지였던 이천은 많은 도요지가 있습니다. 그들은 가마를 찾아가서 도자기가 어떻게 만들어지는지를 보았습니다.

그런데, 한 도공이 완성된 도자기를 깨뜨리는 것을 보고 궁금하게 여긴 모나는, 완벽한 작품만을 만들려고 하기 때문이라는 닉의 설명에 도공의 장인정신을 조금이나마 알 것 같았습니다.

Nick and Mona spent the next day at the Korean Folk Village, a living museum where visitors can learn what life was like during the Chosŏn Dynasty. They saw how commoners lived and noblemen. They saw craftsmen at work in traditional shops making pottery and brass, paper and baskets, and many other things.

다음날 닉과 모나는 온종일 민속촌에서 보냈습니다. 그곳에서는 실자로 사람들이 500년 전의 생활방식대로 살고 있었습니다. 양반과 평민의 서로 다른 생활모습을 직접 보았고 대장장이와 옹기 만드는 사람 그리고 종이나 대바구니, 기타 생활에 필요한 여러가지 물건을 만드는 모습도 볼 수 있었습니다. 민속촌은 그야말로 살아있는 박물관이었습니다.

"This music makes me want to dance!" exclaimed Mona as they watched an outdoor performance of farmer's music.

"Come on! Let's join them!" exclaimed Nick and he began trying to imitate the dancers.

넓은 마당에서는 농악대의 공연이 신명나게 펼쳐졌습니다. 닉은 자신도 모르게 그들과 한데 어울려 흥에 겨워 춤을 추기 시작했습니다.

12

Having seen how life was in the past at the Korean Folk Village, the family went to EXPO '93 in the city of Taejŏn to see how life could be in the future.

민속촌에서 한국인들의 과거 생활모습을 살펴본 후 닉과 모나 가족은 엑스포가 열리는 대전으로 갔습니다. 그곳에서는 미래의 모습을 볼 수 있었습니다.

They visited the many pavilions built by companies from all over the world to display their newest scientific developments and the pavilions set up by countries to present their cultures. They saw new and improved ways to use natural resources, rode a high speed magnetic train built by a Korean company, and watched robots drawing portraits.

대전 엑스포에서는 세계 각국이 참가하여 저마다의 첨단 과학 기술을 선보이며 아울러 각 나라의 문화도 소개되고 있었습니다. 닉과 모나는 천연자원의 새로운 사용방법을 보았고, 자기부상 열차도 타보았으며 로보트가 사람들의 초상화를 그리는 것도 재미있게 지켜보았습니다.

The next day the family traveled to the east coast to visit Mt. Sŏraksan National Park. They stopped to rest and view the sea from an ancient pavilion high atop a cliff before driving to the mountain resort where they would stay the night.

이튿날 닉과 모나는 설악산에 가기 위해 동해안을 따라 올라가다 의상대에서 멈췄습니다. 깎아지른 절벽 위에 서 있는 이 정자는 동해의 일출을 보는 장소로 유명한데 근처에는 모래사장이 넓은 낙산해수욕장이 있습니다. 의상대에서 동해를 바라보니 가슴이 탁 트이는 듯했습니다.

Nick and Mona got up early the next morning for a hike in the mountains.
"I'll race you to that waterfall," said Nick, pointing to a spot near
the top of a rugged peak.

닉과 모나는 다음날 아침 일찍 설악산에 오르기 시작했습니다. 설악산은
사계절을 통해 빼어난 경치를 자랑하는 명산으로 언제나 등반객들로 붐빕니다.
시원한 폭포 줄기가 닉과 모나의 땀방울을 식혀주었습니다.

At Mt. Songnisan National Park, Nick and Mona went to Pŏpchusa, a Buddhist temple built about 1400 years ago. They looked at many ancient buildings and relics and toured a tall sculpture of Buddha that was made just a few years ago.

"The sign says this is the tallest statue of Buddha in the world," said Mona.

"Come on. Let's go inside the museum in the bottom of it," replied Nick.

닉과 모나는 충청도에 있는 속리산 국립공원도 찾아갔습니다. 속리산은 법주사라는 절이 있어 더욱 유명합니다. 법주사는 1400년 된 고찰로서 높이가 33미터나 되는 세계에서 제일 큰 청동 미륵불이 있습니다. 불상 밑은 박물관으로서 많은 관광객이 찾고 있었습니다.

The next day the family visited Kwanch'oksa Temple.

"Look at me," said Nick, striking a pose like the Ŭnjin Mirŭkpul, Korea's largest stone Buddha.

"Ha! Ha! You look just like him," exclaimed Mona. "But do you know what the hand gesture means?"

다음날 닉의 가족은 관촉사에 갔습니다. 그곳에는 한국에서 제일 큰 돌부처 은진미륵이 있습니다. 닉과 모나는 불상의 자비로운 미소와 양손의 독특한 자세가 무엇을 의미하는지는 잘 몰라도 그 앞에서 소원을 빌면 이루어질 것 같다는 생각이 들었습니다. 또한 어디를 가나 눈에 띄는 불상을 보며 한국에 불상이 몇 개나 될까 상상해 보았습니다.

The next stop on Nick and Mona's tour was Haeinsa,
a temple built in 802. A monk showed them one of the more than
81,000 wooden printing blocks housed at the temple.

"Wow!" exclaimed Nick. "It has writing carved on both sides."

Nick and Mona later learned that it took sixteen years to make the blocks
and that they were to print a Buddhist bible. They were made in the hope that
Buddha would help repel the Mongols who invaded Korea in the thirteenth century.

해인사를 찾은 닉과 모나는 그 유명한 팔만대장경을 스님의 안내로 구경했습니다. 양
면으로 불경을 새겨 놓은 팔만여 개의 목판을 완성하는 데만 16년이 걸렸다고 합니다.

팔만대장경은 13세기 몽고족이 한국을 침략했을 때 부처의 힘을 빌어 외세를 막아내려
는 뜻으로 만들어졌다고 스님은 말씀하셨습니다.

At Chikchisa Temple Nick and Mona saw a hall that contained over a thousand small statues of Buddha, all of them different.

울창한 숲속에 위치한 직지사에는 천 개의 작은 불상들이 나란히 놓여 있었는데, 닉과 모나는 천 개의 불상이 전부 서로 조금씩 다른 것을 보고 놀랐습니다. 직지사 주변의 단풍이 너무나 아름다웠습니다.

Nick and Mona's family next visited the city of Kyŏngju.
"Why is Kyŏngju called a museum without walls?" asked Mona.
"Because its mountains and valleys are dotted with the remains of palaces, temples, shrines and tombs dating from the time it was the capital of Shilla," explained her father. "Remember, we read that Shilla defeated the Koguryŏ and Paekche Kingdoms and brought the whole of Korea under its rule in 688. It lasted until around 935."

닉과 모나는 마침내 경주에 닿았습니다. 옛날 신라시대의 도읍지였던 경주에는 궁궐, 사찰, 고분 등 많은 유적지와 문화재가 남아 있어 경주시는 '벽없는 박물관'으로 일컬어집니다. 모나의 아버지는 신라가 688년 고구려, 백제를 멸하고 삼국통일을 달성했다는 것을 가르쳐주셨습니다.

Nick and Mona visited Ch'ŏmsŏngdae, a bottle-shaped structure believed to be the oldest observatory in Asia.

They also went to a park where they saw twenty royal tombs in the form of huge earthen mounds. They went inside one that had been excavated and turned into a museum.

"I liked that gold belt with the dangling ornaments," said Nick.

"I liked the crown, and the earrings, and the...," said Mona as they discussed the gold burial items they saw in the tomb.

경주의 유적 중 특히 유명한 첨성대는 동양 최고의 천문관측대입니다. 닉과 모나는 병모양의 첨성대를 보며 별을 관찰하던 그 옛날 신라인들을 마음속으로 그려보았습니다.

닉과 모나는 또한 20개가 넘는 고분들이 모여있는 공원에 갔습니다. 그 중 천마총의 내부를 들어가보니 황금 허리띠, 금관, 귀고리 등 왕의 주검과 함께 고분에 묻혔던 많은 유물들이 전시되어 있었습니다. 이런 유물을 보면서 천년의 벽을 뛰어넘어 옛날 사람들과 얘기를 나누는 느낌이었습니다.

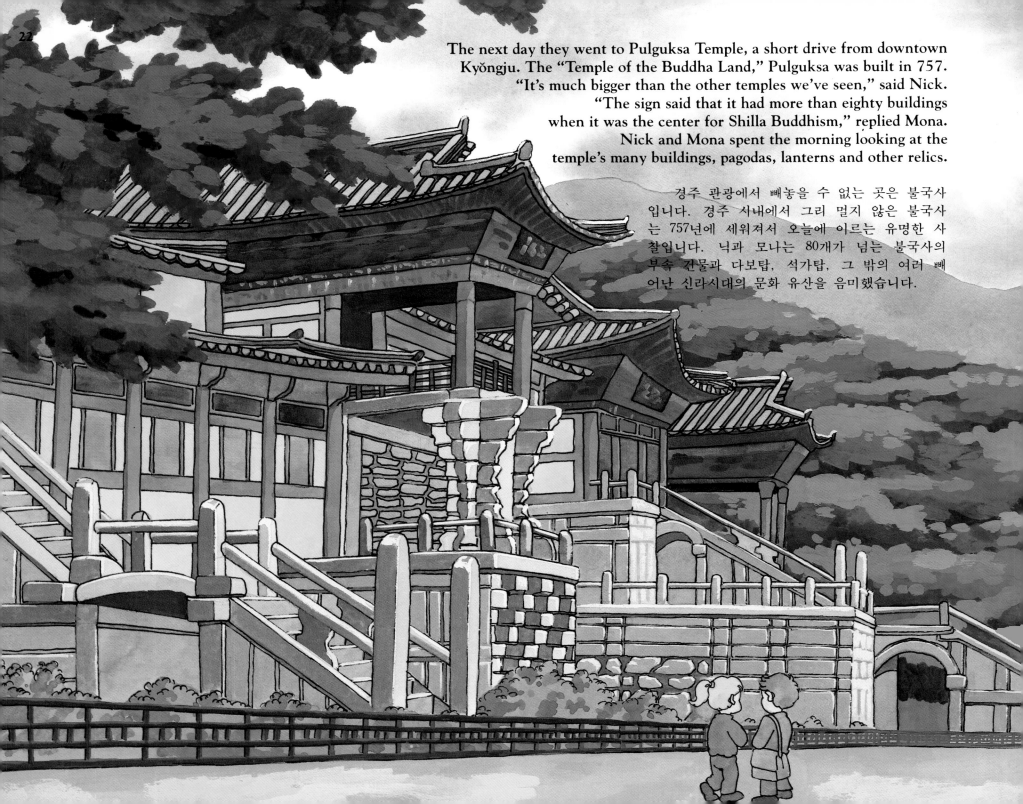

The next day they went to Pulguksa Temple, a short drive from downtown Kyŏngju. The "Temple of the Buddha Land," Pulguksa was built in 757. "It's much bigger than the other temples we've seen," said Nick. "The sign said that it had more than eighty buildings when it was the center for Shilla Buddhism," replied Mona. Nick and Mona spent the morning looking at the temple's many buildings, pagodas, lanterns and other relics.

경주 관광에서 빼놓을 수 없는 곳은 불국사 입니다. 경주 시내에서 그리 멀지 않은 불국사 는 757년에 세워져서 오늘에 이르는 유명한 사 찰입니다. 닉과 모나는 80개가 넘는 불국사의 부속 건물과 다보탑, 석가탑, 그 밖의 여러 빼 어난 신라시대의 문화 유산을 음미했습니다.

In the afternoon, Nick and Mona's family went up the mountain behind Pulguksa to Sŏkkuram, a cave temple with a beautiful statue of a seated Buddha.

"The sign said the cave is manmade and that it was designed by the same man that designed Pulguksa," said Nick.

"The Buddha seems to be watching over Kyŏngju," said Mona.

오후에는 불국사 뒤편의 토함산에 올라가 석굴암에 들어가 보았습니다. 이 곳은 자연의 거대한 바위를 뚫어서 방을 만들고 그 가운데 앉아있는 돌부처와 벽면에 여러 불상들을 조각해 놓은 곳입니다. 마치 나무에 조각한 것처럼 완벽한 불상은 한국 불교 미술의 극치로 평가받는 위대한 예술품입니다.

On Ch'usŏk, the Harvest Moon Day, Nick and Mona's family were invited to the home of a Korean friend.

"This is fun!" exclaimed Mona as she helped the mother and daughter make stuffed rice cakes.

"They're very good," said Nick, licking his lips after eating one that had been steamed on a bed of pine needles, a Ch'usŏk specialty.

한국 방문 도중 마침 추석 명절을 맞이한 닉의 가족은 한국인 친구의 집에 초대받아 갔습니다. 그 집에서는 어머니와 딸이 함께 송편을 빚고 있었습니다. 닉과 모나는 그들을 도와 함께 송편을 빚었습니다. 솔잎을 깔고 쪄낸 송편을 다같이 맛있게 먹었습니다.

Nick and Mona's family went with the Korean family to visit the grave of an ancestor, a Ch'usŏk custom. The family first trimmed the grass on the grave. They then placed some rice cakes, wine, newly harvested fruit, and other foods on a table in front of the grave and all the family members made deep bows to the grave to show respect to their grandfather buried there.

"The grave looks like the royal tombs we saw in Kyŏngju," whispered Mona. "Only much smaller."

After everyone had bowed, they all sat down and ate the food that had been offered to the grandfather's spirit.

추석날 아침 닉과 모나는 성묘길에 따라 나섰습니다. 경주에서 보았던 왕릉보다는 훨씬 작지만 비슷하게 생긴 무덤 앞에 음식을 차려놓고 온 가족이 절을 한 후 다같이 둘러앉아 차려 놓았던 음식을 먹었습니다. 햇곡식으로 만든 음식과 햇과일로 조상께 감사드리며 차례드리는 추석은 서양의 추수감사절과 비슷한 점이 있는 것 같았습니다.

Nick and Mona went with their new friends to watch
ssirŭm, Korean wrestling.

"The object is to make your opponent touch the
ground with any part of his body, other than his feet, of
course," Nick told Mona.

"Let's cheer for the one with the red sash," said
Mona.

They watched their favorite wrestler defeat man after
man and finally become the Ch'onha changsa, the Super
Strong man. He won a lot of money but in ancient times
he would have won an ox.

닉과 모나는 새로 사귄 한국인 친구들과 같이 씨름을 구경하러 갔습니다. 닉과 모나는
상대방을 먼저 모래판에 쓰러뜨리면 이기게 된다는 최소한의 경기 규칙을 이미 알고 있었
습니다. 한 선수를 응원하면서 보자는 모나의 제의를 받아들여 붉은 샅바를 맨 선수를 힘
껏 응원했습니다. 기쁘게도 그 선수는 천하장사에 올랐습니다. 예전에는 황소를 상으로 주
었다고 하는데 요즘은 씨름이 프로 스포츠가 되어 그 선수는 대신 상금을 받았습니다.

Nick and Mona later visited a *t'aekwondo* class. They were surprised to learn that *t'aekwondo* was developed in Korea.

한국의 또다른 민속 경기인 태권도를 보기 위해 태권도장에 들른 닉과 모나는 이곳에 와서야 비로소 한국이 태권도의 종주국이라는 사실을 알게 되었습니다.

Nick and Mona's family flew to Chejudo, Korea's largest and most southernmost island that is a popular vacation spot for Koreans.

They climbed Mt. Hallasan, toured tangerine orchards, and visited a folk village where they learned about the island culture including the "Grandfather Stones" scattered throughout the island.

제주도는 한국의 남쪽 바다에 있는 아름다운 섬입니다. 한국인들이 즐겨찾는 휴양지이자 가장 인기있는 신혼여행지이기도 합니다. 닉과 모나는 비행기로 제주도에 도착하여 한라산에 올랐습니다.

한라산 중턱의 조랑말 목장, 바닷가의 해녀들, 귤 농장, 특히 돌하루방을 포함한 제주도의 고유 문화를 고스란히 보여주는 민속마을 관광은 매우 흥미로웠습니다.

Nick and Mona also climbed to the top of Ilch'ulbong, Sunrise Mountain,
a volcanic cone that offers a spectacular view of the sea, especially at sunrise.

닉과 모나는 재벽에 성산 일출봉에 올라가 일출을 보기로 했습니다. 가슴을 조이며
일렁이는 파도 뒤로 해가 올라오기를 기다렸습니다. 마침내 빨간 해가 머리를
내보이기 시작하더니 세상은 금새 환해졌습니다.

On their last day in Korea, Nick and Mona visited P'anmunjŏm, the place where the armistice that brought the Korean War to a cease-fire was signed. Because the war left Korea divided, it was as far north as they could travel.

They saw a movie about the war and Korea's division and listened to a soldier explain how the United Nations' troops stationed there try to keep the peace.

한국은 역사와 전통이 깊고 자연경관이 뛰어나 볼 것이 아주 많은 나라입니다. 그런데 닉과 모나는 내일 이면 한국을 떠나야합니다.

닉과 모나는 6.25동란의 휴전협정이 체결된 장소인 판문점을 찾아가기로 했습니다. 아직도 분단된 상태로 있는 한국의 현실과 더이상 북쪽으로 여행할 수 없다 는 사실이 안타까웠습니다. 그곳에 주둔해 있는 UN군 병사의 설명을 들으며 한국 분단에 관련된 영화를 보 았습니다. 많은 사람들이 통일을 위해 제각기 맡은 일 을 열심히 하고 있다는 생각이 들었습니다.

They climbed up an octagonal pavilion called the Freedom House to look over into North Korea.

"It's too bad we can't go there," said Nick, gazing at the distant mountains.

"Maybe we can some day," said Mona. "If the North and South become unified again."

"That would be great!" exclaimed Nick. "Then we could see all of Korea!"

"Yes. Even Mt. Paektusan," said Mona, talking about the mountain on the northern border with China, the dream of all Koreans. "Let's make a wish that the two Koreas will be unified."

북쪽을 가볼 수는 없었지만 자유의 집에 올라와보니 손에 잡힐 듯한 가까운 거리에 북한 땅이 보였습니다. 통일이 되는 날 모든 한국인들이 북녘땅을 밟아보고 꿈에 그리는 백두산에도 갈 수 있을 것입니다.

닉과 모나도 북한의 백두산까지 갈 수 있는 그 날이 어서 오기를 마음속으로 부터 빌었습니다.

Let's Visit Korea

펴낸날／1993년 10월 4일 제 1 판 1쇄

펴낸이／임인수
펴낸곳／(주) 한림출판사
주소／서울 특별시 종로구 관철동 14-5
전화／(02) 735-7551/4 팩시밀리 (02) 730-5149

미국 발행처／HOLLYM International Corp.
18 Donald Place Elizabeth, New Jersey 07208 U.S.A.
TEL (908)353-1655 FAX (908)353-0255

ISBN 1-56591-010-9

ⓒ 한림출판사   *Printed in Korea*